メグさんの
男の子の
からだとこころ
Q&A

著：メグ・ヒックリング　Meg Hickling
訳：三輪妙子

築地書館

はじめに

　わたしは63歳の看護師です。この30年あまり、カナダを中心に、またアメリカと日本でも、子どもたちに性の健康について教えてきました。

　この本は、今までカナダの男の子たちが、わたしにたずねてきた質問をまとめたものです。日本で子どもたちに教えたときに、日本の男の子たちからも、カナダやアメリカの男の子たちと同じような質問を受けました。

「ぼくはクラスの友だちとくらべると、背が低いのだけど、だいじょうぶでしょうか？」

「胸のところに、少しかたいものがあるんですが、乳がんになったのでしょうか？」

　思春期にあるみなさんは、成長の仕方も早さも一人ひとりちがいます。背ののび方をみても、やせたままどんどん背がのびていく子もいれば、しばらくの間背がのびるのが止まって、おなかのまわりに少し脂肪がつく子もいます。そういう子は、背がのびはじめると、その脂肪が背のほうにまわって、ぐんとのびていきます。

男の子の胸も、人によっては、思春期に少しふくらんできたり、こりこりとかたいしこりができたりします。

　そういうことがわかれば、自分がやせすぎだとか、太りすぎだとか、乳がんじゃないかなどとなやむことはなくなりますよね。

　自分のからだや、からだの変化を気持ちよく受け入れることができれば、友だちのからだのことも、きっと尊重することができるでしょう。そうすれば、からだのことで、人をからかったり、いじめたりすることもなくなると思います。

　思春期のみなさんが、からだの変化や性の健康について、聞きたいことを自由に聞くことができたり、自然な好奇心を満足させられたりする社会を、そして、もし性的虐待にあうようなことがあっても、信頼できるおとなにすぐに報告して助けを求められるような、そんな社会を作りだしたいと思います。

　そうしたなかで育っていくことができれば、だれもがこころもからだも成熟したおとなへと成長していくことでしょう。そのために、この本が少しでも役に立つことをこころから願っています。

メグ・ヒックリング

Meg Hickling

もくじ

はじめに　2

言葉の説明　8

プロローグ　思春期（ししゅんき）がやってきた

Q 思春期ってなんですか？　14

Q 思春期はいつ始まるのですか？　14

Q 思春期はどのくらい続くのですか？　15

Q どうして、思春期について、知っておかなきゃいけないの？　16

Q でも、思春期ってはずかしい気がするんですけど……　17

📖 知ってる？　女の子と男の子はいつ決まるの？　18

第1章　思春期（ししゅんき）にはどんなことが起きるの？──からだの変化

Q 思春期には、どんなことが起きるのですか？　20

Q ぼくの胸（むね）は少しふくらんでいます。女の子になるんですか？　21

Q 胸のあたりが少し痛（いた）いときがあります。乳（にゅう）がんでしょうか？　21

Q 西洋人は、どんな色のわき毛がはえてくるんですか？　22

Q 性毛（せいもう）も白髪（しらが）になりますか？　はげたら性毛もなくなるの？　22

Q どうして性器（せいき）のまわりに、毛がはえるのですか？　23

Q 世界一大きいペニスって、どのくらい大きいの？　23

📖 知ってる？　ペニスの大きさ・形は人それぞれ　25

Q ぼくは変態（へんたい）なのでしょうか？　ペニスがよく勃起（ぼっき）するんです。　26

Q どうしてペニスって、勃起（ぼっき）するとかたくなるのかな？　26

Q 女の人にふれそうになったとき、ペニスが勃起（ぼっき）してあせりました。　27

📖 **知ってる？** **勃起の仕組み**　28

Q 男の子の声って、思春期になるとどう変わるのですか？　29

Q もし精巣をけとばされて、けがをしたら、死にますか？　29

Q 両方の精巣の大きさが同じじゃなかったら、がんになるの？　31

Q 夜中に、パジャマがぬれていることがあります。これはなに？　31

Q 夢精のときに、おしっこはいっしょに出ないのですか？　33

Q ペニスに白くて小さいしこりがあるのですが……　34

📖 **知ってる？** **精子の数と卵子の数**　34

Q ぼく、包茎でしょうか？　35

Q 小さいときに、テレビでラブシーンを見て、ペニスがむずむずしたことがあります。異常でしょうか？　36

第2章 セックスと妊娠・出産について

Q セックスってなんですか？　38

Q 男の人がペニスを女の人の口に入れるのをテレビで見ました。これってセックスですか？　39

📖 **知ってる？** **コンドームってなに？**　40

Q 男って精子がたまると、セックスしなきゃいられないの？　41

📖 **知ってる？** **性感染症**　42

Q セックスについて考えると、どうしてはずかしいのだろう？　43

Q どうしておとなはセックスが好きなの？　43

Q どうやって赤ちゃんはできるの？　44

Q 赤ちゃんは、お母さんのからだのなかでどうやって育つの？　44

Q 赤ちゃんは、おなかのなかでどうやって息をするのですか？　45

Q 赤ちゃんは、どうやってお母さんのからだから出てくるの？　46

Q そのとき、お母さんは痛いのですか？　46

Q セックスをするたびに、赤ちゃんができるのですか？　47

Q 赤ちゃんを産むためには、セックスをしなければいけないの？　47

知ってる？　ほかの避妊法　48

Q 何歳になったら、セックスをしてもいいのでしょう？　50

Q 何歳になったら、セックスするのをやめなければいけないの？　50

Q セックスをするときには、はだかにならなくてはいけないの？　51

Q キスをするとかだきあうとかすると、妊娠するんですか？　52

Q 赤ちゃんをつくるためには、どのくらい長い間セックスするの？　52

第3章 モヤモヤした気持ちになるのはなぜ？——こころの変化

Q なぜ、おとなにならないといけないのですか？　54

Q どうして男の子って、とつぜん女の子に興味をもつようになるの？　55

Q 好きな女の子のそばに近づきたいなと思うことがあります。　56

Q 好きな女の子のことで頭がいっぱいで、ほかのことに集中できません。　57

Q 時々、なぜかとっても悲しくなるのですが……　58

Q 女の子から好かれてるって、どうしたらわかるのですか？　59

第4章 男の子が知りたい女の子のからだ

Q 女の子のからだにも、精巣のようなボールはあるの？　62

Q 女の子は、ワギナからおしっこが出るのですか？　62

Q 女の子が思春期に入ると、なにが起こるの？　63

Q 月経ってなんですか？　64

Q 女の子のおっぱいって、さわるとどんな感じがするんですか？　65

Q 女の子の乳首って、だれかを好きになるとかたくなるの？　65

Q 女の子のおっぱいには、いつもお乳が入っているのですか？　66

第5章 男の子も性被害にあうんだよ

Q 知らない人がペニスを見せてきました。親に話すべきですか？　68

📖 **知ってる？** 性被害にあわないために　69

Q 同じクラブにペニスをなめろって言うやつがいます。どうしたらいい？　70

Q お母さんといっしょにお風呂に入りたくないんだけど……　71

Q 取っ組み合いをするのは好きだけど、性器をつかまれるのがいやです。　72

📖 **知ってる？** 性被害にあったら　73

第6章 ほかにももっと聞きたいこと

Q ポルノは害がありますか？　76

Q どうしてポルノなんか、作る人がいるのですか？　77

Q どうしておとなは、ポルノを見るのですか？　77

Q ゲイってなんですか？　78

Q ゲイだといけないのですか？　79

Q エッチな話に加わらないと、ゲイだと言われます。　79

Q 男の人どうし、女の人どうしでセックスをしたら、子どもはできますか？　80

Q 自分がもしゲイだったら、どうやってわかるの？　81

Q 人が動物とセックスをしたら、どうなりますか？　81

Q セックスって、痛いものなのですか？　82

Q マスターベーションするのは、いけないことですか？　83

📖 **知ってる？** たばこ・お酒・薬物　84

さくいん　86
訳者あとがき　88
解説（田上時子）　91

ことばのせつめい

言葉の説明

からだの科学的な呼び名を習うのは、大事なことです。
赤ちゃん言葉や、下品な呼び名やいやらしい呼び名を使うと、
ニヤニヤしてしまったり、なにか落ち着かない
気持ちになったりします。
でも、科学的な呼び名を使えば、ふつうに安心して話ができます。
もう一つ、科学的な呼び名を知っておくといいのは、
親や先生、看護師や医師になにか聞きたいときや、
心配事を相談したいときに
しやすくなるからです。

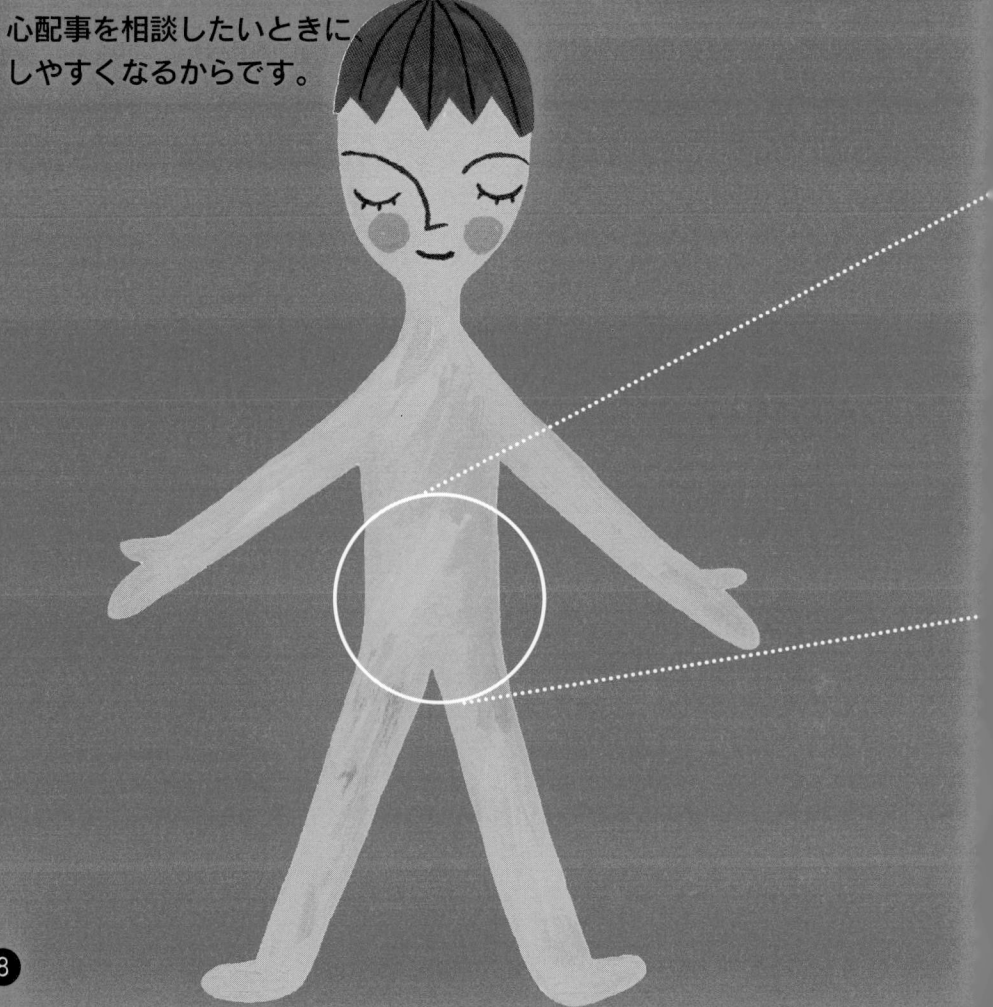

ぼうこう
尿がからだの外に出る前に、たまるふくろ。

尿にょう
おしっこの科学的な呼び名。

性器せいき
男性も女性も、両足の付け根にある部分全部をさす。

尿道にょうどう
ぼうこうからペニスの先までつながっている管で、尿はこの管を通って外へ出る。

ペニス
男性の性器の前面にある部分の科学的な呼び名。性的にもっとも敏感なところ。

包皮ほうひ
ペニスをおおっている、のびちぢみする皮膚。

射精しゃせい
ペニスから精子と精液が出されること。

精液せいえき
ミルクのような白い液体で、なかに精子が入っている。精液と精子も、ペニスのなかの尿道を通って男性のからだから出る。

精子せいし
男性のからだから作られる細胞で、女性の卵細胞と結びついて、赤ちゃんになる。

肛門こうもん

陰のういんのう
精巣が入っている、ふくろのような皮膚の科学的な呼び名。

精巣せいそう
男性の両足の付け根にある「ボール」の、科学的な呼び名。男の子の思春期に働くホルモンや精子が作られる。

ことばのせつめい

言葉の説明

男の子も、女の子のからだの科学を知っておくことは、
おたがいに尊重(そんちょう)しあい、よい関係を築(きず)くために、
とても大切です。

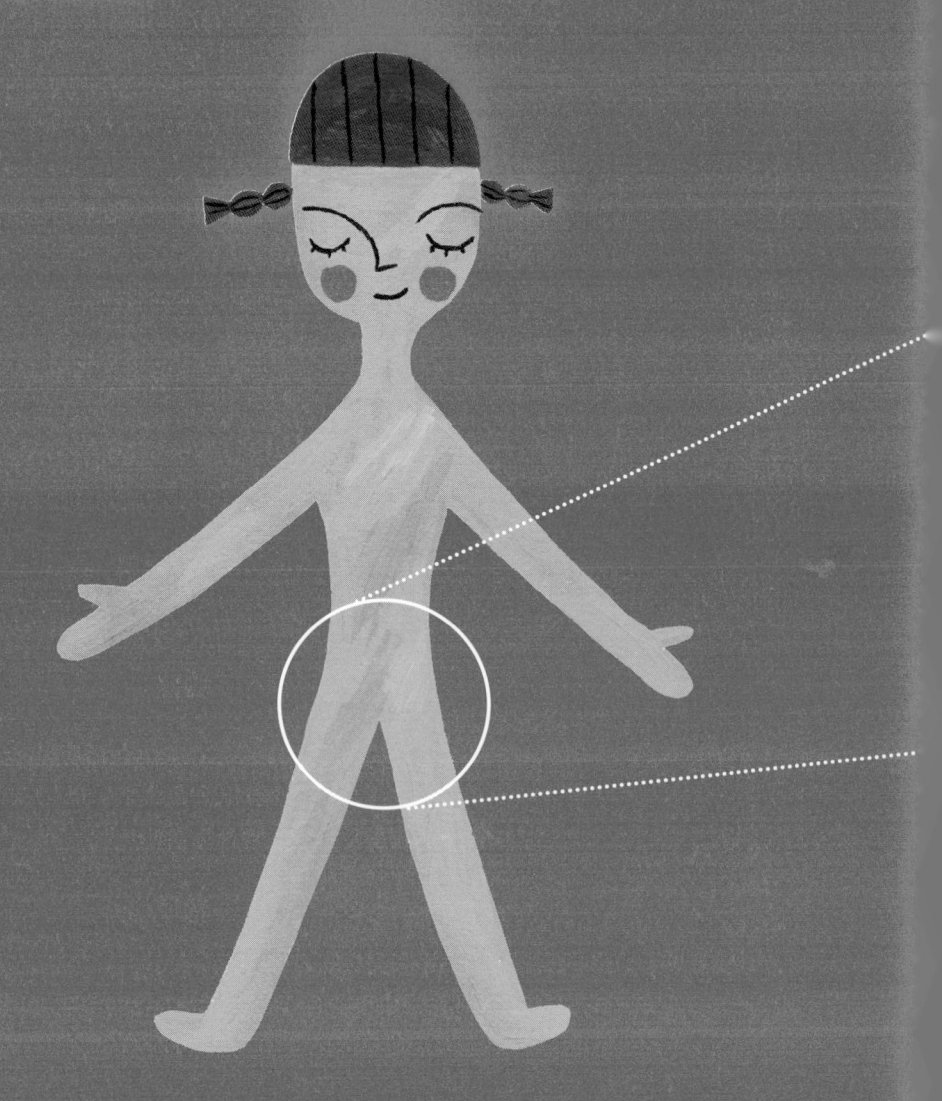

妊娠にんしん
女性の子宮のなかで赤ちゃんが育っているとき、その女性は妊娠しているという。

子宮しきゅう
がんじょうな筋肉でできたふくろで、そのなかで赤ちゃんが育つ。赤ちゃんが大きくなるにつれ、のびてくる。

卵子らんし
女性の卵細胞の科学的な呼び名。

卵巣らんそう
女の子の「ボール」の、科学的な呼び名で、からだのなかにある。なかには卵細胞がたくさん入っている。また女の子の思春期に働くホルモンもここで作られる。

[正面]

バルバ
女性器のなかでも、外に出ているひだのようになった皮膚。

ぼうこう

肛門こうもん
性器の後ろの部分にある出口で、そこから便が出る。

便べん
うんちの、科学的な呼び名。

尿道にょうどう

ワギナ(ちつ)
のび縮みする管で、子宮から赤ちゃんが出る産道になる。両足の付け根の、性器の真ん中あたりにある。

クリトリス
バルバのいちばん上の部分にある、豆つぶくらいの小さい突起。性的にもっとも敏感なところ。

⑪

プロローグ

思春期がやってきた

「思春期」ってよく聞く言葉だけど、いったいどんなことを言うのだろう？まずは、思春期ってなにかを知ってくださいね。

Q 思春期ってなんですか？

A. 思春期とは、からだがだんだん変わって、おとなのからだへと成長していく時期のことです。

Q 思春期はいつ始まるのですか？

A. ふつう男の子のからだは、8歳から10歳くらいの年齢になると変わりはじめます。なかには、もっと小さいころから変わりはじめる子もいますし、12歳とか14歳になってようやく変わっていく子もいます。

　時期はいろいろでも、だれもが思春期をむかえるのです。20歳になっても、まだ子どものからだのままでいる人はいませんよね。

Q. 思春期はどのくらい続くのですか？

A. 14歳(さい)ですっかりおとなのからだになる人もいますし、20歳くらいまで背がのびつづける人もいるでしょう。お父さんやおじいさん、親せきのおじさんなどに、どんな成長の仕方をしたのか聞いてみてもいいですね。ただし、だれもが、親せきの男性と同じように成長するとはかぎりません。

また、自分の成長の仕方が、友だちやクラスメイトとはちがうことにも気づくでしょう。

大事なのは、自分のからだを大切にすること、そして友だちのからだも尊重(そんちょう)することです。友だちのからだについて、うわさをしたりからかったりするのはやめましょうね。

Q どうして、思春期について、知っておかなきゃいけないの？

A. 今まで、たくさんの若者やおとなたちから、思春期のからだの変化についてなにも知らなかったために、自分のからだにいろいろな変化が起こってきたとき、とても不安になったりなやんだりした、という話を聞きました。

思春期に起きる変化について、だれからも話を聞かなかったら、あなただって、このことは話しちゃいけないのだと思ってしまいますよね。そして、わからないことがあっても聞いてはいけない、なやんだりしてもいけないと思うかもしれません。

自分自身のことをよく理解し、またほかの人のことも理解するためには、自分のからだやその変化について、きちんと知っておく必要があります。そうすれば、こわがったり心配したりしなくてすみますし、質問したいのをがまんすることもなくなるでしょう。

この本は、だれかから「読んでみたら」とわたされたのかもしれないし、自分で図書館で見つけたのかもしれませんね。どちらにしても、ここに書かれていることは大事なことですから、よく読んで、わからないところがあったら、お母さんやお父さん、保健室の先生など信頼できるおとなに聞いてください。

Q でも、思春期ってはずかしい気がするんですけど……

A. 確(たし)かに少し前までは、からだのことを話すのははずかしいと思う人が多かったのです。ですから、からだの仕組みや働きについて、みんなあまり知りませんでした。子どもたちのなかには、自分のからだをどうやって大切にしたらいいのかを、だれからも教わらなかったために、病気になったり死んだりした子もいます。今でもまだ、おとなのなかには、からだのことをはずかしいと思っている人がいます。それは、その人がだれからも、からだについてきちんとした話を聞いたことがないからです。

　子どもたちに（おとなにも）、からだや思春期に起きる変化について話すときには、科学的に説明すると、はずかしがらずに聞いてくれることが、おとなにもようやくわかってきました。

　読んでいくうちにわかると思いますが、この本では、「からだの科学」を、科学的なからだの呼び名を使って習っていきます。

　なにか新しいことについて勉強するときには、なるべく楽しくするといいですよね。それで、この本にはみなさんを笑わせるようなおかしな話も入っています。読みながら、おかしなところがあったら、げらげら笑ったりじょうだんを言ったりしてください。友だちといっしょに読んで、いっぱい笑ってもいいですよ。ただし、友だちの「ことを」笑ってはいけませんよ。

知ってる？

女の子と男の子は いつ決まるの？..............

　卵子のなかにも、精子のなかにも、染色体というものが入っています。染色体というのは、細い糸のようなもので、顕微鏡を使わないと見えないくらい、とても小さいものです。

　卵子にも精子にも、それぞれ23個の染色体がありますが、そのうちの一つが性別を決める染色体です。それには、ＸとＹの2種類があります。卵子はどれも、それがＸなのですが、精子はＸのものと、Ｙのものとに分かれます。

　卵子が、Ｘの染色体を持っている精子と結びつくと、女の赤ちゃんになりますし、Ｙの染色体を持っている精子と結びつくと、男の赤ちゃんになります。

　精子の半分がＸの染色体を、残りの半分がＹの染色体を持っているので、単純に言えば、女の赤ちゃんと男の赤ちゃんの数は同じになるはずです。でも、家族によっては、女の赤ちゃんばかり生まれることも、男の赤ちゃんばかり生まれることもあります。それはなぜなのかは、わかっていません。

第 1 章

思春期には
どんなことが起きるの？
―からだの変化―

思春期に入ると、からだに変化がおとずれます。からだのどの部分に、どのような変化が起こるのかを、まず見てみましょう。その変化の仕方や早さは、一人ひとりちがうことも、理解してください。

Q 思春期には、どんなことが起きるのですか？

A. まず背がのびてきます。1、2年であっというまにおとなの背たけまでのびる子もいれば、ゆっくりと5、6年かかってのびていく子もいます。

なかには、背がのびる前に体重が少し増えて、おなかのあたりに脂肪がつく男の子もいます。そういう子は、いったん背がのびはじめると、その脂肪は消えていきます。

少し体重が増えて、それからしばらくして背がのびはじめる子もいれば、細いまま背がのびていく子もいます。どちらも、その子の個性ですから、それでいいのですよ。

Q ぼくの胸は少しふくらんでいます。このまま女の子に変わっていくのでしょうか？

A. 男の子のなかには、10歳から14歳くらいの間に、胸が少しふくらむ子もいます。この年ごろにはよく起こることです。でも、高校生になるころにはろっ骨がおとなの大きさに発達し、そのふくらみも胸全体に広がるので、目立たなくなるでしょう。

Q 胸のあたりが少し痛いときがあります。乳首の近くや裏側に、コリッとしたしこりを感じます。乳がんになったのでしょうか？

A. これは、よくある成長痛です。しこりも、思春期にはよくみられることです。

おとなの男の人のなかには、乳がんにかかる人もいますが、年齢の低い男の子がかかることはありません。

Q 最近、わきの下に毛がはえてきました。ぼくの毛の色はもちろん黒ですが、西洋人はどんな色の毛がはえてくるんですか？

A. 西洋人は、体毛(たいもう)も赤毛だったり、ブロンドだったり茶色だったりします。髪(かみ)の毛がブロンドなら、わき毛や性毛(せいもう)、胸毛(むなげ)も同じブロンドですし、赤毛の人なら体毛も赤毛です。

ただし、あなたが髪の毛をむらさき色に染(そ)めたからって、性毛がむらさきに変わることはありませんよ。

アジア系の男性は、胸毛はそれほどないかもしれません。ヨーロッパ系の男性は、映画などでわかるとおり、胸毛がたくさんはえている人もいますね。

Q うちのおじいちゃんは、白髪(しらが)だけど、性毛(せいもう)も白髪になるのですか？
もし、はげてきたら、性毛もなくなって、つるつるになっちゃうの？

A. 年をとるにつれ、性毛(せいもう)にも白髪(しらが)が交(ま)じってくることがあります。でも、髪(かみ)の毛がなくなっても、性毛がぬけてつるつるになることはありませんよ。

Q どうして性器のまわりに、毛がはえるのですか？

A. 科学者は、性器のまわりに毛がはえるのには、二つ理由があると言っています。

まず、性器はからだのなかでもとても大事なところなので、そこにばい菌が入るのを毛が防いでくれるのです。だから、性器はよく洗って、いつも清潔にしておきましょう。

もう一つは、男性も女性も、性器にはえている毛がクッションの役目をしてくれるので、セックスをするときに気持ちよくできるのです。

Q 世界一大きいペニスって、どのくらい大きいの？　ぼくのペニスは縮んできてるみたいだけど……

A. 今まで、ほんとうにたくさんの男の子たちから、自分の性器の変化についての質問を受けてきました。さあ、これが「からだの科学」にもとづいた答えですよ。

思春期になると——8歳かもしれないし、10歳とか12歳かもしれませんが——精巣と陰のうがまず大きくなりはじめます。3年

くらいかけて、精巣と陰のうがだいたいおとなの大きさになります。それからはじめて、ペニスの成長が始まるのです。ペニスがすっかりおとなの大きさになるのは、20歳になるころです。

　自分のペニスが、ほかの子のよりも大きいなとか、小さいなとか、心配になるかもしれません。人により、ペニスの大きさはいろいろです。でも、勃起（ぼっき）すれば、どのペニスもだいたい同じくらいの大きさになりますから、心配はいりません。

　ものすごく大きなペニスを、漫画（まんが）やポルノのなかで見た人がいるかもしれません。でも、ほんとうはそんな巨大（きょだい）なペニスなど、どこにも存在しません。漫画やポルノのなかで作られたものなのです。

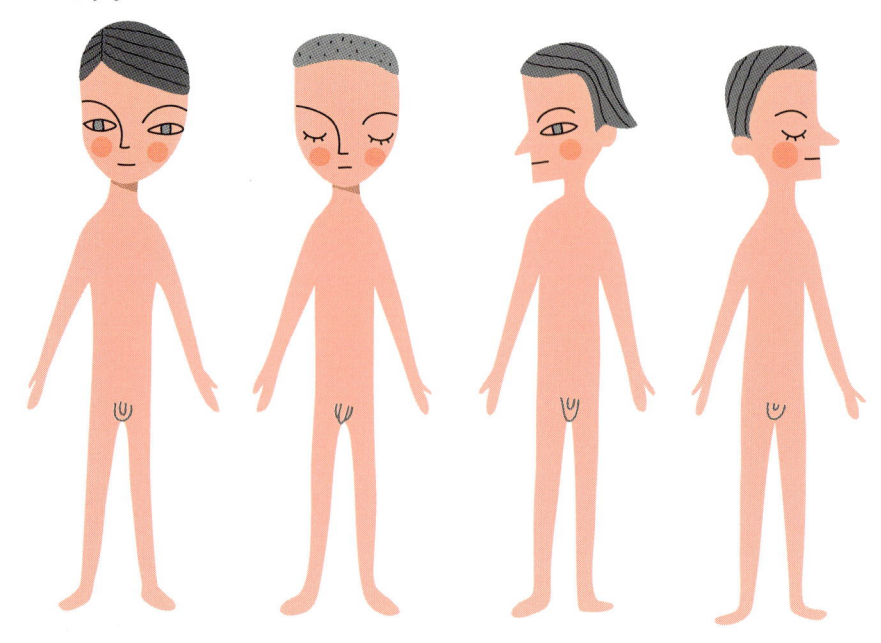

知ってる？

ペニスの大きさ・形は人それぞれ…………………

　ペニスの大きさについて気にする男の子は多いようですね。ペニスは大きいほうがいいんだ、と言う人がいるかもしれませんが、そんなことはありませんよ。

　ペニスの大きさや形は、生まれたときから一人ひとりみんなちがいます。どんな大きさでもかまわないのです。

　自分のペニスがほかの人のより小さいと、ひそかに心配している人もいるかもしれませんね。自分のペニスは上から見下ろしますが、ほかの人のペニスは横から見るので、自分のより大きく見えるだけです。

　ペニスの形も、人によりいろいろです。少し曲がっているペニスもあれば、細くて長いペニス、太めで短めのペニスもあるでしょう。どんな大きさ、形でもかまわないのです。

Q ぼくは変態なのでしょうか？　べつにいやらしいこととか考えたわけじゃないのに、ペニスがよく勃起してくるのです。

A. 男の子も男の人もペニスは日に何度も勃起しますし、ぐっすりねむっている夜中にも、毎晩、何回か勃起します。もともとそういうふうにできているからです。あなたが変態だからではありません。

　ペニスが勃起しても、そのことを考えないようにすれば、すぐにまたもとにもどりますよ。

Q どうしてペニスって、勃起すると、あんなふうにかたくなるのかな？

A. ペニスが勃起するのを見ると、まるで腹筋運動でもしているのかと思うかもしれませんが、じつはペニスのなかには筋肉はありません。ペニスのなかに血液がたくさん入ってくることで、勃起が起きるのです。勃起が終わって、ペニスがやわらかくなると、その血液はまたからだのなかにもどっていきます。

　ところで、勃起が起こると、精巣にも血液がたくさん入ってくるので、精巣が熱く感じたり、重く感じたりするかもしれませ

ん。でも、心配はいりませんよ。その血液も、射精をするか、ペニスがやわらかくなるかすれば、またからだにもどっていきます。ですから、なにも害はありません。

Q この間、こんだバスに乗っていたとき、女の人のからだにふれそうになって、すごくどきどきしました。ペニスが勃起してしまって、あせりました。こういうときは、どうしたらいいのでしょう？

A. こういうことが起こっても、自分がなにか悪いことをしたとは思わないでいいのですよ。

　どんな男の子も、またおとなの男の人であっても、こういうことは、時々起こるものです。ペニスがいったん勃起しはじめたら、止めることはできません。でも、そのことばかり考えないで、なるべくリラックスしましょう。そうすれば、何分かのうちにペニスはもとにもどります。

　ただし、その女性のからだにふれたり、自分の性器をこすりつけたりしては、絶対にいけませんよ。それは、犯罪になりますから。

知ってる?

勃起の仕組み……………

　人間のペニスのなかには、骨も筋肉もありません。いつもはやわらかいペニスが、勃起をするとかたくなって上を向くのは、ペニスのなかにある血管に血液が入ってくるからです。

　勃起が終わって、ペニスがもとにもどると、その血液はまたからだのほうにもどっていきます。

　男であれば、赤ちゃんであろうと、小学生、中学生、高校生、おとな、おじいさんであろうと、日に何回か、また夜中にも何回かペニスは勃起します。じつは、生まれる前、お母さんの子宮のなかにいるころから、男の子のペニスは勃起をしはじめるのです。

　勃起している間は、ぼうこうの出口にある筋肉がかたくなって、しまるので、尿は出てきません。

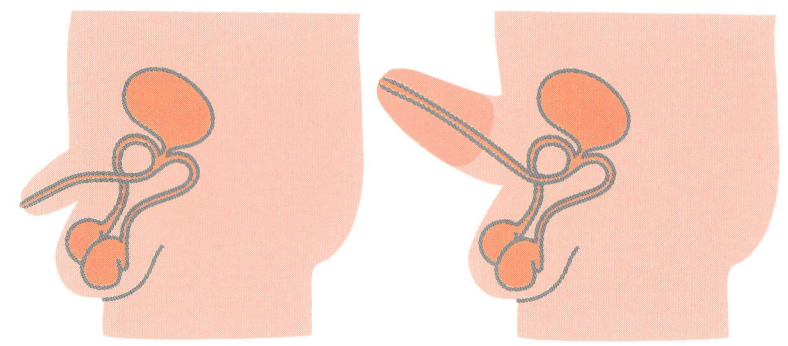

ペニスにある血管に血液が入ってくるとかたくなって上を向く

Q 男の子の声って、思春期になるとどう変わるのですか？

A. からだの科学者は、男の子ののどは、思春期が始まるとわずか1年のうちに、それまでの倍の大きさになると言っています。大きくなったのど（正確には喉頭と言います）に慣れるまで、しばらくの間はかすれたり、少し変な声になったりすることがあります。

Q もし精巣をけとばされて、けがをしたら、死にますか？

A. 精巣では、精子が作られます。あなたが父親になることができるようにです（おとなになってからですけどね）。精巣ではもう一つ、テストステロンというホルモンも作られます。男性の成長ホルモンの一つです。ですから、精巣はとても大事なところなのです。

精巣はまた、からだのほかの部分より、少し冷たくなければいけないので、陰のうという皮膚のなかに入って、からだの外に出ています。ですから、けがをしやすいところでもありますね。

精巣が傷ついても、死ぬようなことはありませんけれど、も

し、痛かったり、あざができたりしたら、すぐお医者さんにみてもらいましょう。はずかしがらないでください。お医者さんは、あなたの調子の悪いところを治してくれるのですから。それに、診察にはほんの1分ほどしかかかりませんからね。

Q もし片方の精巣が、もう一方より小さかったら（大きかったら）、がんになるのでしょうか？

A. いいえ、なりません。

精巣は両方同じ大きさではなくて、一つは小さめになっています。また、真横に並んでいるのではなく、片方が下にたれています。歩いたり走ったりするときに、精巣が傷ついたりしないように、もともとそのようにできているのです。もし、精巣が真横に並んでいたら、たがいにぶつかりあって、痛いですよね。

Q 時々、夜中に目がさめたとき、パジャマがちょっとぬれていることがあります。おねしょをしたわけじゃないし……これはなんですか？

A. 男の子の精巣が精子を作る練習を始めると――それはだいたい8歳から14歳くらいの間に始まるのですが――夜ぐっすりねむっている間に、スプーン1杯くらいの、ミルクのような白い液（精液）のなかに入って、よぶんな精子がペニスの先から出てくることがあります。

これを「夢精」と言います。
　1週間に1、2回夢精が起こる子もいれば、1カ月に1回しか起こらない子もいるでしょう。
　あなたのからだがおとなになる練習をしているのですから、うれしいことですね。
　精液はとても清潔なものです。
　夢精が起こっても、あなたはなにも悪いことをしたわけではありませんよ。それどころか、とっても健康だという証拠です。
　それから、夜ねるときは、なるべくゆったりとしたパンツをはくようにしましょう。ピタッとしたブリーフのような下着をはいたままねると、夜中に精巣が温まりすぎてしまいますから。
　精巣はもともと、からだのほかの部分より、2度ほど温度が低くなくてはいけないのです。そのために、陰のうという、のび縮みする皮膚のなかに入って、からだの外に出ているのです。
　それから、夢精が始まったら、自分の洗濯物は自分で洗うようにしたらどうでしょう。男の子も自分の身のまわりのことは、自分でできるようになるのがいいですからね。

Q 夢精のときに、おしっこはいっしょに出ないのですか？

A. 男の子はだれでも（おとなの男の人でも）、毎晩ぐっすりねむっている間に、ペニスが数回勃起します。ねむっているので、本人はもちろん気がつきませんけれどね。

　ペニスが勃起すると、ぼうこうから尿道に通じる出口が閉じるので、尿は出てきません。勃起したペニスからは、精子の入った精液だけが出てくるのです。ですから、夢精のときに、おしっこは出てきません。

Q ペニスに白くて小さいしこりがあるのですが、だいじょうぶですか？

A. はい、それはまったく心配いりませんよ。異常(いじょう)なものではありません。ただし、ペニスのなかやまわりの部分が痛(いた)かったら、親にそう言って、お医者さんにみてもらう必要があります。覚えていますよね。お医者さんが診察(しんさつ)するのはほんの何分かですから、はずかしがらずに行きましょう。

知ってる？

精子(せいし)の数と卵子(らんし)の数……

　精巣(せいそう)のなかで精子(せいし)が作られはじめると、1分間に約50万個の精子が作られるようになります。そして、それは死ぬまで続きます。

　女の子は、からだのなかに二つの卵巣(らんそう)があります。それぞれの卵巣には、なんと15万個くらいの卵子(らんし)が入っているのです。

　月経(げっけい)が始まると、毎月1回、左右どちらかの卵巣から卵子が1個出てきて、卵管(らんかん)に入っていきます。卵子が卵管にあるときに、男の人のペニスから出た精子(せいし)が入ってきて、そのうちの1個の精子が卵子と結びつけば、赤ちゃんができるのです。

Q 雑誌に包茎手術のことがいっぱい載っているのですが、ぼくもひょっとして包茎でしょうか？
ペニスの先を出そうとしてもなかなか出ないし、そうしようとすると痛いのです。

A. ペニスは日に何度も勃起しますし、夜中にも何度か勃起します。そのときに、べつに痛みを感じないのであれば、心配することはなにもありません。それでも気になるなら、親に言って泌尿器科の病院に連れていってもらいましょう。（泌尿器科のお医者さんは、からだのなかでも、男性器の専門家なのです。）

お風呂やシャワーでペニスを洗うときに、包皮を根元のほうにそっと動かして、ペニスの先が出るようにしてみましょう。ちょうど指を洗うように、ペニスの先をそうっと洗ってから、包皮を元にもどします。包皮の下に、白いチーズのようなものがたまっていたら、それも洗い流すようにしましょう。ペニスはいつも清潔にしておくことが大切です。

毎日そうしているうちに、ペニスの先が完全に出るようになります。そうすれば、もう包茎の心配はありませんからね。

もしほんとうに包茎なら、勃起のたびに痛みがあるはずです。とくにセックスをするときや、マスターベーションをするときに、激しい痛みを感じるでしょう。

その場合には、手術をする必要があるかもしれません。でも、手術や麻酔には、出血とか化膿といった危険がともないますから、手術をするのは、どうしてもそうしなければならない場合にかぎります。雑誌の宣伝にだまされないようにしてくださいね。

Q 今よりもっと小さいときにも、テレビでラブシーンをたまたま見たりすると、ペニスのあたりがむずむずしてきたことがありました。ぼくって異常だったんでしょうか？

A. 年齢の低い子どもでも、小さい赤ちゃんであれ、時々は性的にわくわくするような気持ちになって、男の子ならペニスが、女の子ならクリトリスのあたりがむずむずしたり、勃起したりするものです。それはまったくふつうのことです。そういうことが起こっても、その子がいやらしいわけでも、異常なわけでもありません。

小さい子がそういう気持ちになったからといって、その子がセックスをしたいと思っているわけではありません。人間はだれでも生まれたときから、性的な快感を感じることができる能力をもっているということです。それを悪いことだとか、いやらしいことだと思うことはありませんよ。

第2章
セックスと妊娠・出産について

からだがおとなへと変わっていくときは、セックスや妊娠、出産についても、興味がわいてくるでしょう。はずかしがらずに、科学的な知識をきちんと身につけてくださいね。

Q セックスってなんですか？

A. セックス、または性交とはふつう、男の人の勃起したペニスが女の人のワギナに入り、精子の入った精液がペニスから出ることを言います。

　人がセックスをするには、いくつかの理由があります。二人のおとなが、たがいにとても愛し合っていて、相手とできるだけ近くにいたいと思う気持ちが高まったときに、セックスをしたくなるでしょう。愛情を相手に示す方法の一つで、愛し合うおとなにとって、セックスをすることはとても楽しいことのはずです。

　ただし、二人のどちらもが、セックスをすることに同意しなければいけません。二人のうちどちらかが「いやだ」と言ったら、その人の意見のほうが通るべきです。

　セックスをすることがはずかしかったり、不安を感じたりしたら、もっと気持ちよく受け入れられるようになるまでは、相手に「いやだ」と言うべきです。相手からもしっかり愛されていると感じられ、二人でいるときに、じゅうぶん安全だと感じることができるまでは、しないほうがいいでしょうね。

　ほかにも、買売春やポルノのように、お金のためにセックスをしたり、無理やりセックスをさせられたりすることもあります。でも、それは法律に違反する行為です。

Q テレビで、男の人が自分のペニスを女の人の口に入れているのを、見たことがあります。これってセックスですか？

A. それはオーラルセックスと呼ばれています。おたがいに相手の性器に口をつけることを言うのです。

　セックスの仕方には、あと二つの方法があります。肛門を使う方法と、手を使う方法です。肛門を使うセックスはアナルセックスと呼ばれますが、これは勃起したペニスを相手の肛門に入れることをさします。指を使うセックスは、デジタルセックスと言われますが、指を相手のワギナや肛門に入れることをさします。この三つのセックスの仕方なら、妊娠する可能性はありません。

　あなたがおとなになったら、どのようなセックスをするか、パートナーと話し合って決めるといいでしょう。ただし、ここで大事なことは、片方の人がいやだと言ったら、その人の意見が優先されなければならないということです。

　もう一つ大切なことがあります。どちらかが病気に感染していたら、どのようなセックスをするにしろ、相手にうつしてしまうことになるので、安全なセックスをするために、必ずコンドーム（☞40ページ）をつけるようにしましょう。

　また、どんな人も、セックスをしたくなければする必要はまったくありません。それをちゃんと覚えておいてくださいね。

知ってる?

コンドームってなに？‥

　女の人と男の人がセックスをしても、子どもはほしくないというときに、コンドームを使います。

　男の人が、勃起したペニスにコンドームをかぶせるのです。そうすると射精をしても、精液はコンドームのなかにたまり、相手の女の人のからだには入らないので、妊娠しないのです。

　コンドームは妊娠を防ぐだけでなく、性感染症（☞42ページ）に感染することからも守ってくれるので、今のところいちばんいい避妊の方法です。

　お店で買ってくるコンドームは、清潔で役に立つものです。でも、だれかが使ったコンドームが、公園や海岸、道ばたなどに捨ててあっても、さわったり、拾ったりしないようにしましょう。

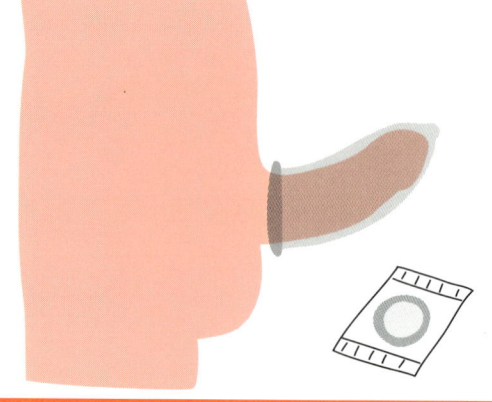

コンドームの使い方
つめなどで傷つけないように気をつけて、きちんと根元までつけます。使用後は、口を結んでティッシュにくるんでゴミ箱に捨てます。

Q ぼくの大学生のいとこは、こう言うんです。「男っていうのは、精子がたまってくると、セックスしなきゃいられなくなるんだ」って。これはほんとうですか？

A. 精巣で精子が作られはじめると、毎日何百万という精子が作られるようになります。でも、射精をして外に出さなくても、よぶんな精子はからだに吸収されるか、夜中に夢精というかたちで出てくるかします。精子が作られつづけるからといって、精巣が破裂してしまうようなことはありませんから、心配しないでください。

それから、覚えておいてください。男の人は、自分が強いことを証明したり、自分が健康であることを確かめたりするために、セックスをする必要は絶対にないことを。

また、セックスをするためには、相手が必要です。その相手も、セックスをしたいと思っているのでしょうか？ 二人とも、精神的にも肉体的にもじゅうぶんに成熟していて、セックスをするだけの準備ができているでしょうか？ 妊娠の可能性や性感染症に対する予防について、きちんと考えたのでしょうか？

あなたのいとこも、こういうことをきちんと考える必要がありますね。

知ってる?

性感染症(せいかんせんしょう)

　エイズという病気があることは、だれもが知っていると思います。

　エイズのウイルスに感染(かんせん)している人は、セックスをする相手に、そのウイルスをうつす可能性(かのうせい)があります。

　ただし、ウイルスに感染している人と握手(あくしゅ)したり、いっしょに過ごしたり、食事をしたりしてもうつることは絶対にありませんから、心配はいりません。

　エイズのほかにも、セックスをすることによってかかる病気がいくつかあります。こういう病気を性感染症と言います。

　なかでも、クラミジア、センケイコンジローマという性感染症は、最近とても増えています。

　こうした性感染症がもとで、将来(しょうらい)、性器(せいき)のがんになったり、不妊症(ふにんしょう)になったりすることもありますから、セックスをするときには、必ずコンドームをつけることと、定期的に検査(けんさ)を受けることが大事です。

Q セックスについて考えると、どうしてはずかしいのだろう？

A. そういうふうに感じるのは、とてもふつうですよ。

子どもというのは——おとなのなかにもそういう人がいますが——まだ心身ともにじゅうぶんには成熟(せいじゅく)していないので、はずかしくてとてもセックスなどできません。

ふつうは、おとなになって、とても好きな人に出会うと、セックスをもっと自然に受け入れられるようになるものです。ですから今は、絶対セックスなんかしたくないとか、まだしばらくの間はセックスなんかしないと思っても、それでいいのですよ。

だれも、無理やりセックスをさせられるようなことがあってはなりません。「いやだ」という側の意見が通るべきなのです。

Q どうしておとなはセックスが好きなの？

A. 多くのおとなは、愛するパートナーがいて、その人とのセックスを楽しみます。二人にとって、とても楽しいことのはずですからね。

Q どうやって赤ちゃんはできるの？

A. セックスをすると、男の人のペニスからは何百万個もの精子が、相手の女の人のからだに入ります。そして、そのうちのたった1個の精子が、女性の卵細胞のなかに入っていくのです。これを受精と言います。

　一つになったこの細胞（受精卵）は、すぐに細胞分裂を始め、次々に増えていきます。そして、9カ月後には、赤ちゃんが生まれてきますよ。

Q 赤ちゃんは、お母さんのからだのなかでどうやって育つのですか？

A. 赤ちゃんは、子宮と呼ばれる特別なふくろのなかで育ちます。子宮はとても強い筋肉でできています。子宮のなかには、もう一つビニールぶくろのようなふくろがあり、そのなかに水が入っています。この水は赤ちゃんを守るためのものです。

Q 水のなかで、赤ちゃんはどうやってものを食べたり、息をしたりするのですか？

A. 赤ちゃんは食べることも息をすることもできません。そのために、赤ちゃんにはへそのおがついているのです。へそのおは、たくさんの血管でできています。へそのおの片方のはしは赤ちゃんのおへそにつながっていて、反対側のはしはお母さんの子宮につながっています。お母さんの血液が、へそのおを通って、赤ちゃんに酸素や栄養分を届けるので、赤ちゃんは育つことができるのです。

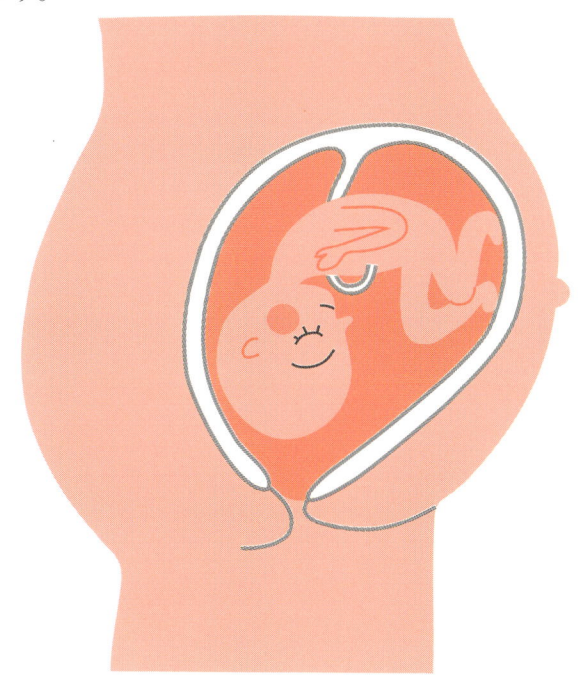

Q 赤ちゃんはどうやってお母さんのからだから出てくるのですか？

A. 赤ちゃんが生まれるときになると、がんじょうな筋肉でできている子宮が、ぎゅーっと縮んでは、またゆるむという動きを始めます。これを陣痛と言います。子宮が縮むときに、赤ちゃんは、お母さんからぎゅっとだきしめられるように感じるようです。陣痛が何時間か続くと、そのうちに、ビニールぶくろのようなふくろがやぶけ、なかに入っていた水がお母さんのワギナを通って出てきます。そして、赤ちゃんが、つるつるにすべりやすくなったワギナから出てくるのです。ちょうど、ウォータースライダーに乗ったみたいに、スルッと生まれてきます。

Q そのとき、お母さんは痛いのですか？

A. そうです。お母さんによっては、痛みを感じることもあります。赤ちゃんをおし出すには、すごい力がいるからです。でも、かわいい赤ちゃんが生まれるためだから、少しくらい痛くてもだいじょうぶと言うお母さんが多いですよ。

Q セックスをするたびに、赤ちゃんができるのですか？

A. そんなことはありません。ペニスにコンドームをかぶせ、精子(せいし)がそのなかにたまるようにすれば、セックスをしても赤ちゃんはできません。

　それに、コンドームをしていれば、おたがいにたとえ病気にかかっていても、それを相手にうつさなくてすみます。ですから、コンドームは健康にもいいし、安全でもあります。あなたももう少し大きくなったら、コンドームをきちんと使う練習をしたらいいですね。将来(しょうらい)、自分にとっても相手にとっても、できるだけ安全なセックスをするためにです。

Q 赤ちゃんを産むためには、セックスをしなければいけないのですか？

A. そうです。ただし、セックスをしても赤ちゃんができない人たちには、お医者さんが手伝って、妊娠(にんしん)できるようにすることもあります。また、人によっては、赤ちゃんを産んだけれど育てられないという人から、赤ちゃんを養子としてもらうこともあります。

知ってる？

ほかの避妊法……………

　40ページでコンドームについてお話ししましたが、コンドームのほかにもいくつか、妊娠をさける方法（避妊法）はあります。多く使われている方法をしょうかいしましょう。

　このうち、女性用コンドーム以外は性感染症（☞42ページ）を防ぐことはできません。それを、必ず覚えておいてください。

●ピル

　女性が毎日ピルを飲むことによって、卵巣から卵子が出ないようになるので、妊娠はしません。

●ペッサリー

　やわらかいゴムでできた、おわんをふせたような形のものです。殺精子ゼリーを塗ってから、女性がワギナの奥に入れて、子宮の入り口をふさぐようにします。精液が子宮のなかに入らないので、妊娠はしません。

●女性用のコンドーム

　ビニールでできたふくろのようなもので、セックスをするときに、女性がワギナのなかに入れます。精液はそのなかにたまって、女性のワギナには入らないので、妊娠はしません。

●不妊手術

　男性も女性も、手術によって妊娠できなくする方法があります。手術を受けてもふつうにセックスはできますが、手術をしたら、もう自分の子どもを持つことはできません。

　また、妊娠しても、最初の２、３週間は、受精卵が発達してできた細胞はまだとても小さく（ビー玉くらいの大きさ）、もし女性に子どもを産む気持ちがなければ、医師が手術をして、子宮からその細胞を取り出すことができます。これにより、妊娠の状態が停止し、女性はまた元のからだにもどります。これを中絶と言います。

　ほぼ安全な手術とはいえ、女性には、肉体的にも精神的にも大変なことです。また、男性も、つらい気持ちになるでしょう。ですから、望まない妊娠をしないように、いつもきちんと避妊をするようにしましょう。

Q 何歳になったら、セックスをしてもいいのでしょう？

A. 親によっては、セックスをするのは結婚をしてからです、と言うと思います。また、セックスをするのはおとなになったら、と言う親もいるでしょう。カナダではふつう、おとなというのは、高校を卒業した人のことをさします。

　職業を持って、自分でお金をかせぐようになったら、はじめておとなと言えると考える人もいるでしょう。あなたはどう思いますか？

Q 何歳になったら、セックスするのをやめなければいけないの？

A. 二人の人がおたがいに愛し合っているなら、何歳になろうと、一生セックスをしつづけることができます。それは、二人で決めることです。

Q セックスをするときには、どうしてはだかにならなくてはいけないの？

A. あなただけでなく、今までにとても多くの子どもたちから、はだかになってセックスするなんて、とってもはずかしくてできないと言うのを聞きました。子どものときは、はずかしいと思うのが、とてもふつうのことです。

おたがいに心から愛し合っているおとなが、ここなら安全で、プライバシーもあると感じたときには、セックスをするためにすっかりはだかになる、またはほとんどはだかになるのは、とても楽しいことだと思います。

服をどれだけぬぐかは、それぞれ個人(こじん)の好みによるでしょうが、ペニスがワギナに入るためには、下着はぬがないといけませんよね。

Q キスをするとか、だきあうとか、だれかのとなりにねるとかすると、妊娠(にんしん)するものですか？

A. この質問(しつもん)の答えは、とても簡単(かんたん)です。そんなことはありません。

Q 赤ちゃんを作るためには、どのくらい長い間セックスをしなければいけないんですか？

A. 男の人のペニスからは、わずか数秒で精子(せいし)が出てくることもありますし、何分かかかるときもあります。

　女性は、たった1回のセックスでも、妊娠(にんしん)する可能性(かのうせい)があることを知っておく必要があります。

　また、人によっては何度もセックスをしてから、ようやく妊娠する人もいます。一人ひとりちがうのです。

第3章

もやもやした気持ちになるのはなぜ？
―こころの変化―

思春期には、こころにもいろいろな変化が起こります。もうれつに反発したくなったり、わけもなく悲しくなったり、ひたすら興奮したり……そんな気持ちと、どうしたらうまく付き合っていけるでしょう。

Q なぜ、おとなにならないといけないのですか？ おとなになるのが、こわいような気がするのですが……

A. 早くおとなになりたい、という男の子たちもいます。

「おとなになったら、自分のことは自分で決められるし、だれからもこうしろとか、ああしろとか言われなくてすむ」と思っているのです。

こういう子たちは、大学に入ったり旅行に出かけたり、仕事についたりすることを、今からとても楽しみにしています。

でも、おとなになるのをこわがる子たちもいます。おとなになるとたくさん責任(せきにん)を負(お)わなければならないので、それが不安なのです。

もし心配なら、親や担任(たんにん)の先生、保健室の先生、または、おとなの知り合いや親せきの人に相談してみるのもいいでしょう。

おとなになるには何年もかかりますから、まだたっぷり時間はありますよ。

Q どうして男の子って、とつぜん女の子に興味をもつようになるのだろう？

A. 科学者だったらこんなふうに言うかもしれませんね。「人間という種が存続するために、ほとんどの男の子も女の子も、おとなになると生殖を楽しむようになるのです」と。

ある人と結婚しようとか、ずっと安定した関係を築いていこうと決心するまでには、これから何年もの間、いろいろな人といっしょに過ごす練習をする必要がありますね。ですから今は、たくさんの男友だちや女友だちと楽しいことをいっぱいして、成長していってください。

Q. 時々、好きな女の子のそばに近づきたいなと思うことがあります。

A. 好きな女の子のそばにいたいと思う気持ちは、とても自然な感情です。信じられないかもしれませんが、女の子だって、好きな男の子に対して同じように感じているのですよ。

ただし、どの人にもその人の境界線というものがあって、それは必ず尊重されなければいけません。勝手にその境界線のなかに入ったり、近寄りすぎたりして、相手を不快な気持ちにさせるようなことがないようにしましょう。それから、相手の許可なしに、その人のからだにさわることは、もちろんいけません。カナダではそれは法律で禁止されています。

二人の人がたがいにすごく好きだと思っても、だきあったり、キスをしたりするようになるまでには、友だちとして何週間も何カ月もかけて、おたがいをよく知り、信頼しあえる関係を築かなければいけません。

もう一つ覚えておいてほしいのは、あなたがどんなにだれかを好きでも、その人があなたを好きになる必要はないということです。時には、遠くからその人のことを想うしかできないかもしれません。こころのなかで、好きな人と付き合うことを思いえがくのはいいですが、相手があなたと付き合う気がないのに、無理やり相手にせまるようなことは、絶対にしてはいけませんよ。

Q 最近は、好きな女の子のことばかり頭にあって、ほかのことになんにも集中できません。どうしたらいいでしょう？

A. 多くの男の子や女の子が、思春期にはこういう気持ちになります。これはとても自然なことです。思春期が始まり、ホルモンがからだのなかで作られはじめると、そういう気持ちがわいてくるのです。

でも、そうした気持ちはふつう２、３カ月しか続きません。そのうちに、女の子のことを考えるだけでなくて、ほかのことにも集中できるようになりますよ。今、あなたがそう思うのは、とてもふつうのことです。

それから、女の子についてなにか興味があったり、知りたいことがあったら、あなたのお母さんか、保健室の先生に聞いてみるといいでしょう。はずかしがらなくていいんですよ。その好奇心が満たされれば、あなたも安心してほかのことにも集中することができるかもしれませんから。女の子について、興味をもつのは、とてもふつうのことです。

Q 時々、なぜかとっても悲しくなるのですが、それって変じゃありませんか？

A. 思春期には、気分にむらが出てくるものです。時にはすごく悲しくなって、泣きたくなるかもしれません。どうしてこんな気持ちになるのだろうと、心配になるかもしれませんが、だいじょうぶですよ。それは、よくあることなのですから。

またその反対に、わけもなく興奮してエネルギーも満々で、しょっちゅう冗談を言って、なにを見てもおかしくて笑ってしまう、といったときもあるでしょう。そうかと思うと、やたらといらいらして、だれかをぶんなぐりたいとか、なにかをこわしたいという衝動にかられることもあるでしょう。

思春期にこういう気持ちになるのは、ごくふつうのことなのです。ただし、こうして気分がゆれ動いても、トラブルに巻きこまれたりしないで、安全に過ごしてくださいね。

悲しかったり、興奮したり、いらいらしたりするのは、睡眠が足りていないせいかもしれません。思春期の子どもたちが健康に育っていくためには、毎晩少なくとも9時間以上の睡眠をとる必要があります。よくからだを動かすことも、気分転換には役に立ちます。テレビを見すぎるのも、コンピューターをしすぎるのもよくありませんよ。気分のむらがすごく気になるようでしたら、親や保健室の先生に相談してみるのもいいですね。

Q 女の子から好かれてるって、どうしたらわかるのですか？

A. その前に、「もし、ぼくがだれかを好きになったら、その子は、ぼくが好きだってことどうやってわかるんだろう？」と考えてみたらどうでしょう。

　ふつう人は、だれかを好きになると、その人のそばにいたい、その人と話をしたいと思いますよね。人によっては、勇気を出して「あなたのことがとても好きです。付き合ってもらえませんか？」と言うかもしれません。

　もちろん、だれかから好かれたからといって、その人のことを好きにならなければならないということはありません。ていねいに、「あなたはとってもすばらしい人ですけど、わたしはまだだれとも付き合うつもりはないんです」と言ったらいいでしょう。

　それに、あなたがだれかのことを好きになったからといって、その人が必ずしも、あなたのことを好きになるとはかぎりませんよ。

　好きな人の気持ちを、友だちにたのんで聞いてもらったり、また、好きな人の友だちに、たずねたりする人もいるでしょう。

第4章

男の子が知りたい女の子のからだ

女の子も、思春期にはからだに変化が起こってきます。男の子にとっても、そうした変化を知っておくことは、おたがいによく理解しあうための、第一歩ですよね。

Q 女の子のからだにも、ぼくたちの精巣にあたる、ボールのようなものはあるの？

A. 女の子には、生まれたときから、からだのなかに卵巣というボールのようなものが二つあって、そのなかには卵細胞が何千個も入っています。卵巣では、卵巣ホルモンと呼ばれるホルモンも作られます。女の子のからだを成長させる、成長ホルモンの一種です。

Q 女の子は、ワギナからおしっこが出るのですか？

A. ちがいます。男の子も女の子も、尿はぼうこうにたまり、それから尿道を通ってからだの外に出ます。ワギナは産道、つまり赤ちゃんが出てくるところです。

　科学者になったつもりで、考えてみてください。女の子の性器には、出口が三つありますね。尿が出る尿道口と、便が出る肛門、それに赤ちゃんが出るワギナです（☞11ページの図）。男の子の性器にある出口は、ペニスの先にある尿道口と、肛門の二つだけです（☞9ページの図）。男の子の尿道はペニスのなかを通っているので、女の子のよりずっと長いのです。

Q 女の子が思春期に入ると、なにが起こるの？

A. いい質問ですね。男の子も女の子も、科学と健康と安全について、相手のことを学ぶのはとても大切なことです。そう、これは科学の勉強なのですよ。

　男の子に起こるいろいろなからだの変化のほとんどが、女の子にも起こります。背がのび（男の子ほどはのびませんが）、胸が大きくなり（男の子より、もう少し大きく）、体毛がはえ（ひげや胸毛ははえません）、それから、男の子に起こる夢精のかわりに、月経が起こります。

Q 月経ってなんですか？

A. 女の子のからだも、おとなになる練習を始めます。1カ月に一度、卵巣から卵子が出てくるのです。そうすると、子宮は内側に、赤ちゃんのためのふわふわのベッドのようなものを用意しはじめます。それは水とほんの少しの血液でできています。

卵子は、精子と結合しなければ分解してしまいますから、いらなくなった「ベッド」も子宮からワギナを通って、ポトポト外にたれてきます。これを生理と言いますが、科学的な呼び名は月経です。

月経が始まると、4、5日の間、昼も夜も、この水分と血液は出つづけますから、それを吸いとるために下着に生理用パッドをあてます。これで月経の科学がわかりましたよね。

もう一つ知っておいてほしいのは、女の子やおとなの女の人のなかには、月経のときにいつもと同じように過ごすことのできる人もいますが、人によっては激しい痛みやだるさなどを感じる人もいるということです。

もしあなたのお母さんや女のきょうだい、将来のパートナーなどが、月経のときに痛みや不調を感じるような人だったら、できるだけやさしく接してくださいね。自分からすすんで、家事などをどんどん手伝って、楽にしてあげてください。

Q 女の子のおっぱいって、さわるとどんな感じがするものなのですか？

A. 今までに、何千人もの男の子からこの質問をされました。今度お風呂に入るときに、自分のおしりをさわってみてください。おっぱいと似たような感触がするはずですからね。

Q 女の子の乳首って、だれかを好きになるとかたくなるってほんとうですか？

A. 女の子だけでなく、男の子の乳首も、寒かったりこわかったり、人にさわられたりするとかたくなります。また、性的に興奮してくるとかたくなることがあります。

Q 女の子のおっぱいには、いつもお乳(ちち)が入っているのですか？

A. いいえ、そんなことはありません。
　女性(にょせい)が妊娠(にんしん)すると、乳房(ちぶさ)でお乳(ちち)が作られはじめるのです。赤ちゃんにお乳をあげている間は何週間も何カ月も、お乳は作られつづけます。でも赤ちゃんがお乳を飲まなくなると、乳房ではもうお乳が作られなくなります。

第5章

男の子も性被害(せいひがい)にあうんだよ

カナダやアメリカでは、性的虐待(せいてきぎゃくたい)の被害者(ひがいしゃ)は、女の子と男の子の割合(わりあい)がほぼ同じになっています。男の子も、自分がいやだと思うさわられかたをしたら、相手がだれであっても、「いやだ」と言っていいのですよ。

Q ある日、学校から家に帰るとちゅう、ぼくのそばに一台の車が止まって、なにかぼくにたずねてきたので、近づいてみました。そうしたら、その人はペニスを出して見せてきたのです。
今までだれにも言えませんでした。
もう１年前のことだけど、親に話すべきでしょうか？

A. そうです。親にちゃんと、こういうことがあったと言ってください。それは、あなたが悪いわけではありません。その男の人は、ペニスをそうやって人に見せたりしてはいけなかったのです。その男の人が悪いのです。

知ってる?

性被害にあわない
ために……………………

　あなたがしたいと思わないのに、だれかがあなたにさわろうとしたり、セックスをしようとしたりすることを「性的虐待」といいます。あなたは、きっぱりと「いやだ」と言っていいのですよ。

　いやだと言っても、その人がやめようとしないときは、思いっきり暴れて、にげるのです。そのためには相手のすねをけっとばしてもいいし、かみついたり、パンチをくらわしたりしてもいいのです。そうしながら、だれかが助けにきてくれるように、「助けて！」と大声でさけびつづけてください。「火事だ」とさけんでもいいですよ。

　また、気分が悪くなったら、がまんしないで、相手に向かってはいてもいいし、パンツにうんちをベチャッとしてしまってもいいのです。そんなの最悪だと思うかもしれませんが、相手にとってもそれは最悪なことですから、あなたから手をはなすでしょう。

　そして、うまくにげることができたら、親や先生や知り合いなど信頼できるおとなに、こういうことがあったと、必ず言ってください。警察に届けるのもいいですね。だれもあなたのことをしかったり、責めたりしませんから、心配しないでください。

Q ぼくが入っているサッカークラブに一人、いつもぼくらにペニスをなめろって言ってくるやつがいるのです。
だれも相手にしていないのだけど、どうしたらいいでしょう？

A. ペニスをなめてほしいと言ってくる子は、とても不適切なことをしています。その子は、カウンセラーなどについて、そういう行いをもうしないための訓練を受ける必要があります。

　あなたはこのことを親やコーチにちゃんと伝えて、その子が、カウンセリングや助けを受けられるようにしましょう。

　いやなときは「いやだ」と言っていいのだということを、いつも覚えておいてください。その子にも、はっきりと「いやだ」と言っていいのです。

Q うちのお母さんは、いつもぼくといっしょにお風呂に入ります。ぼくがちゃんとからだを洗っているか、確かめるためだって言います。
でも、ぼくはもう大きいから自分で洗えるし、一人でお風呂に入りたいんです。どうやって、お母さんに言ったらいいのでしょう？

A. いくつかやり方があると思います。勇気を出して、お母さんにきっぱりこう言うこともできます。「一人でお風呂に入りたいし、自分でちゃんと洗えるからだいじょうぶ」と。

直接言うのが難しい人は、言いたいことを紙に書いて、お母さんにわたしたらいいでしょう。

いつも言うように、だれであれ、「いやだ」という人の意見が優先されるべきです。あなたのお母さんも、あなたの気持ちを理解してくれるといいですね。お母さんに、この本のここのところを読んでもらうのもいいでしょう。

日本では、お母さんが子どもといっしょに、同じ部屋でねることが多いと聞きましたが、多くの男の子は8歳から10歳くらいになると、自分一人でねたがります。母親であっても、息子がプライバシーを要求するのを、尊重しなければいけません。

Q ぼくのおじさんといとこたちは、みんなで取っ組み合いをしたり、ケンカのまねをしたりするのが好きです。
とても楽しいんですけど、ぼくの性器をつかんでくることがあって、それがいやなのです。
どうしたら、やらないでって言うことができますか？

A. 子どもにとってもおとなにとっても、性器はその人のプライベートな部分だということを、だれもがしっかり理解しないといけません。ですから、がんばってこう言ってみてください。「この遊びは楽しいけど、性器はつかまないっていう規則にしようよ」と。

知ってる?

性被害にあったら………
（せいひがい）

　もしあなたが性的虐待（せいてきぎゃくたい）にあったとしても、それはあなたが悪かったわけではありません。それをまず最初に思い出してください。

　虐待（ぎゃくたい）を受けたら、信頼（しんらい）できるおとなに話しましょう。とてもこわくて人に言えないと思うかもしれません。でも、あなたがだれにも言わなければ、その加害者（かがいしゃ）は、あなたをこれからも虐待しつづけるかもしれませんし、ほかの人にも同じことをするかもしれません。

　人に言うのは、勇気がいることかもしれませんが、そうすることで、あなたは自分が前よりも安全で、強くなったと感じるでしょう。

　あなたを性的に虐待した人は、もうだれに対してもそういうことをしないように、専門の人の助けを借りる必要があります。

　もしその人があなたの家族の一員だったら、なおさら人には言いにくいと思います。でも、ひょっとしたら家族のなかに、ほかにも虐待されている人がいるかもしれません。ですから、あなたが言うことによって、その人に対する虐待も止めることができるのです。

第6章

ほかにももっと聞きたいこと

ここでは、これまで取り上げなかった、マスターベーションやポルノ、同性愛などについて、お答えします。

Q ポルノは害がありますか？

A. 害があると言う人もいます。なぜなら、ポルノは、からだやパートナーとの関係について、誤ったイメージをたくさんあたえるからです。

たとえば、ポルノを作る人たちというのは、俳優に化粧をたくさんさせますし、トリック写真やコンピューターを使って実際のからだを変えて、巨大なペニスや豊満な乳房、長い足、すらっとしたボディなどを作り出します。

ですから、ポルノに出てくる俳優とくらべると、自分のからだはなんてかっこ悪いんだと悲観したり、なにかおかしいんじゃないかとなやんだりするかもしれません。

それから、ポルノについてもう一つ心配なことがあります。

俳優たちが楽しそうに見えたり、愛し合っていて、何時間でもセックスをするのが大好きというふうに見えるのは、お金をもらっているからか、または無理やりさせられているからなのです。

ポルノに出てくることは、ほんとうのことではありません。また、ポルノには組織犯罪グループがかかわっていることもありますし、法律に違反して製作されていることもあります。

Q どうしてポルノなんか、作る人がいるのですか？

A. お金のためです。

Q どうしておとなは、ポルノを見るのですか？

A. 多くのおとなは残念ながら、性的なことに自然に興味（きょうみ）をもつようになる思春期の時期に、性の健康についてや、からだの科学や思春期について、なにも教育を受けませんでした。それで、ポルノを見るようになったのです。

　人によってはそのまま中毒（ちゅうどく）になってしまうこともあります。

　あなたは、この本を読んで科学的な知識（ちしき）を学んでいるのですから、なやみや疑問（ぎもん）があっても、その答えを探（さが）すためにポルノを見たり、好奇心（こうきしん）を満足させるためにポルノを見たりする必要がないように、願っています。

Q ゲイってなんですか？

A. 人によっては、自分と同じ性別の人とセックスをするのが好きな人もいます。そういう人をゲイとかレズビアンと呼びます。科学的な呼び名は同性愛者（どうせいあいしゃ）です。異性（いせい）とセックスをするのが好きな人は、異性愛者（いせいあいしゃ）と呼ばれます。

Q ゲイだといけないのですか？

A. 今日では科学者は、生まれつきの同性愛者もいれば、生まれつきの異性愛者もいると考えています。生まれつき左ききの人がいたり、右ききの人がいたりするのと同じです。自分で選ぶわけでもないし、またどちらが良いとか悪いとかいうことでもありません。ですから、ゲイやレズビアンの人を、からかったりいじめたりしてはいけませんよ。

Q ぼくは、友だちが女の子の話とかエッチな話をしていても、べつにおもしろいと思わないので、加わりません。
でも、そうすると、あいつはゲイだとか言われてしまいます。
どうしたらいいでしょうか？

A. 一人ひとり、成長の仕方や早さがちがうということを、覚えておくといいですね。女の子のことやセックスの話をするのは、そういうことを話題にすべきだと多くの男の子たちが思っているからです。残念ながら、男だったら当たり前のことだ、と思いこんでいるのです。そういう男の子たちに、あなたははっきり

と「ぼくはそんな話、興味ないんだ」と言っていいのですよ。そうしたら、その子たちも別の話題に移っていくかもしれませんしね。

また、だれかのことを「ゲイ」だと言って軽べつするのは、そういうことを言う人自身がとても未熟だという証拠です。それに、相手に対するいじめにもなります。

Q もし男の人どうし、または女の人どうしでセックスをしたら、子どもはできますか？

A. いいえ、できません。赤ちゃんというのは、1個の精子と1個の卵子が結びついてできるのです。ただし、女性が医師の助けを借りて、提供された精子を使って妊娠することもできます。また、二人の男性が親として、赤ん坊や子どもを育てることもできます。自分たちでは、赤ちゃんを産むことはできませんけれど。

Q 自分がもしゲイだったら、どうやってわかるの？

A. 自分がゲイだということに気づくのは、異性ではなく、同性に恋心やあこがれを感じるからです。ゲイやレズビアンの人たちのなかには、小学校にあがる前から、自分が同性愛者だということに気づいていたという人もいれば、小学校や中学校で、自分が同性にひかれることに気づいたという人たちもいます。

　また、異性にはもともと関心がなかったけれど、高校生、あるいはおとなになってからはじめて、同性にひかれるようになったという人もいます。

Q 人が動物とセックスをしたら、どうなりますか？

A. 赤ちゃんはできません。人間の細胞は、動物の細胞とは結びつかないからです。それに、動物とセックスをすることは、カナダでは法律で禁じられています。

　漫画や映画では時々、半分人間で半分動物といった生き物が登場することがありますが、それはお話のなかだけのものです。

Q セックスって、痛いものなのですか？
うちのお父さんがテレビで見ているポルノでは、いつもさけび声が聞こえるから。

A. セックスというのは、愛し合うおとなどうしにとっては、とても楽しいことのはずです。

　ポルノのなかでは時々、痛がったりさけび声をあげたりするシーンがあります。まるで怪獣映画かなにかのようです。そういったものを、だれも製作しないといいと思いますし、だれも見ないでほしいと思います。

　あなたはもうじゅうぶんに性の健康について学んだのですから、ポルノ中毒になどならないでください。

Q マスターベーションするのは、いけないことですか？

A. マスターベーションとは、男の子の場合は自分のペニスをなでたり、包皮を前後に動かすことを言います。そうすると、とても気持ちがよくて、精液が出てくることもあります。

多くの男の子は、お風呂に入っているときやシャワーを浴びるときにするようです。

マスターベーションをするのは、ごくふつうのことですし、また、しなくても、もちろんかまいません。個人の自由なのです。

ただ、これだけは覚えておいてほしいのですが、マスターベーションはプライベートなことです。ですから、自分一人のときに、バスルームや自分の部屋でする必要があります。きょうだいと同じ部屋の場合は、自分一人になるのは難しいかもしれませんね。そういうときは、バスルームでするのがいちばんいいでしょう。

それから清潔な手ですることです。精液が出てきたら、ティッシュペーパーでふきとって、トイレに流せばいいですね。

知ってる?

たばこ・お酒・薬物…………

　たばこを吸うと、何百種類もの化学物質がからだに入り、肺や呼吸器はもちろん、からだのあちこちに害をあたえます。

　血管もまた、たばこを吸うたびに収縮するので、たくさんの血管が集まっているペニスは、とくに深刻なえいきょうを受けます。

　長年たばこを吸っている男性のペニスは、だんだん勃起しにくくなり、最終的にはまったく勃起しなくなってしまうのです。

　ですから、だれかがあなたにたばこをすすめてきたら、こう言って断るのもいいかもしれません。

　「いや、ぼくは吸わないよ。だって、いつまでも健康なペニスのままでいたいからさ」と。

　ところで、女性もたばこによって害を受けることも、知っておく必要がありますね。たばこはとくに、女性の卵巣と、そのなかに入っている卵子を傷つけます。ですから、女の子も女性も、たばこはいっさい吸わないようにしましょう。

　また、たばこを吸っている人のそばにいて、煙を吸いこむことでも、同じように害を受けます。ですから、たばこを吸っている人のそばには近づかないようにしましょう。

お酒は飲みすぎると、精巣や精子、卵巣や卵子に害があります。とくに妊娠している女性は、胎児に害があるので、なるべく飲まないほうがいいですね。

　また、お酒を飲みすぎてよっぱらうと、きちんとした判断ができにくくなることがあります。お酒のせいでコンドームをつけるのを忘れたり、危険なセックスを拒否できなかったりすると、命を危険にさらすことにもなります。

　薬物も、たばこやお酒と同じように、からだにさまざまな害をあたえます。また、薬物を用いることは法律に違反することですから、ばっせられる可能性があります。

さくいん

知りたいことが書かれているページがすぐに探せます。

●あ行

赤ちゃん→胎児

陰のう　9, 23, 29

エイズ　42

おっぱい→乳房

●か行

感染症→性感染症

境界線　56

クリトリス　11

毛→性毛, 体毛

ゲイ　78〜81

月経　34, 64

肛門　9, 11, 62

声　29

コンドーム　40, 48

●さ行

酒　84

産道　62

子宮　11, 64

脂肪　20

射精　9

受精　44

受精卵　44

出産　46

身長　20

陣痛　46

背→身長

精液　9, 31

性感染症　42

性器　9

性交→セックス

精子　9, 29, 31, 34, 41

精巣　9, 23, 26, 29, 31

成長痛　21

性的虐待　67, 69, 73

性被害　68〜73

性毛　22, 23

生理→月経

セックス　38, 39, 41, 43, 47, 50, 51, 82

染色体 18

● た行

胎児 44, 45

体毛 22

たばこ 84

乳首 65

ちつ→ワギナ

乳房 65, 66

中絶 49

● な行

尿 9, 33, 62

尿道 9, 11, 33, 62

尿道口 62

妊娠 11, 44, 47, 52

● は行

バルバ 11

避妊 40, 47, 48

ピル 48

へそのお 45

ペニス 9, 23〜28, 34

便 11

包茎 35

ぼうこう 9, 11

勃起 24, 26〜28, 33, 35

包皮 9, 35

ポルノ 76, 77, 82

ホルモン 9, 11, 29, 62

● ま行

マスターベーション 83

夢精 31, 33

胸毛 22

胸 21

● や行

薬物 84

● ら行

卵細胞 11

卵子 11, 34, 64

卵巣 11, 62, 64

レズビアン 78

● わ行

わき毛 22

ワギナ 11, 62

訳者あとがき

　メグ・ヒックリングさんは、カナダで過去30年にわたり〈性の健康教育〉を行ってきた、この分野の第一人者とみなされる教育者です。日本でも、1999年に最初の著書が、『メグさんの性教育読本』（木犀社、拙訳）として出版されて以来、メグさんは年に１、２回のわりで来日、全国各地でワークショップや講演会を行っています。ストレートで明るく、ユーモアもあるメグさんの〈性の健康教育〉は、日本でも多くの子どもたちや親、専門家たちから歓迎され、主要新聞や雑誌などでも取り上げられてきました。

　2003年秋には、２冊目の著書である子ども向けの絵本が、『メグさんの女の子・男の子 からだBOOK』として、築地書館から出版されました。この本がとても好評だったのを受けて、解説を書いてくれた「女性と子どものエンパワメント関西」の田上時子さんと、築地書館の編集者の橋本ひとみさんとわたしは、次は日本の男の子たちのために本を書いてくれませんかと、メグさんに持ちかけました。日本には、小学校高学年から中学生くらいの年齢の男の子が気持ちよく読めるようなからだと性の本が、あまりなかったからです。メグさんも、そうした本はぜひ必要だと賛成してくれました。

　思春期にある男の子が、自分のからだの変化について、父親からも母親からも、また学校からも適切な知識を与えられず、心配事や悩みをだれかに相談することもできないとしたら、どんなに不安なことでしょう？　そうした男の子たちはどこへ助けを求めたらいいのでしょう？　結局は、ひとりでもんもんと悩むか、雑誌や、インターネットやビデオ、友だちやク

ラブの先輩などに答えを求めることになると思います。

　ある種の雑誌やインターネット、ビデオでは、性がとてもゆがんだかたちで表現されています。女性や子どもの蔑視につながるものや、暴力的なもの、人格を無視したようなもの……思春期の男の子の目にふれてほしくないようなものであふれています。

　以前、若者が何から性の情報を得るかによって、その若者の性意識が変わってくるという調査結果がありました。親や学校から、きちんとした〈性の健康教育〉を受けた若者は、雑誌やビデオで性の知識を身につけた若者にくらべ、買売春やポルノに対し、明らかに否定的だったのです。

　思春期の男の子のために、適切な本があれば、こうした雑誌やビデオに手を伸ばさなくてすむだろう、ぜひそういう本を作ろう——ということで、わたしたちは意見が一致しました。

　この年齢の男の子たちの肉声が伝わってくるような本、不安や悩みにきちんと答えてくれるような本、必要な情報が手短にまとまっていて、読みやすい本……そう話を進めていくうちに、これまでメグさんが男の子たちから受けた質問を中心にした、Q&A方式の本にしてみたらどうかということになりました。

　メグさんが子どもたちを対象にワークショップをするときは、話を終えたあとにかならず、子どもたちに紙を渡し、質問を書いてもらいます。ふだんは元気に「ハイ、ハイ」と手をあげるカナダの子どもたちも、からだや性の問題となると、やはり恥ずかしがって、なかなか聞いてきません。それで、紙に質問を書いてもらうことにしたのです。もちろん無記名です。

　こうして長い間、メグさんの手元にたまっていった質問の中から、男の子からの質問を選んで、項目別に並べ、それに答えてもらいました。それをもとに、さらにわたしのほうから、いくつか付け加えたい質問をメグさんに送り、それにも答えていただきました。

男の子自身のからだについてだけでなく、異性の女の子のからだの変化についても、第4章「男の子が知りたい女の子のからだ」で触れました。それは、男の子も女の子も、異性のからだについて知っておくことが、相手を尊重し、理解することにつながると考えたからです。

　Q&Aに付け加えて、いくつかの豆知識を、コラムのかたちでわかりやすくまとめてあります。また、索引もつくりましたので、とくに興味があるとか、知りたいと思うことがあれば、索引でそれをチェックして、そこから読みはじめてもらってもいいと思います。

　思春期というのは、だれもが通る、人生の一時期です。ぜひ多くの男の子たちが、その時期に、確かな知識を得、周りのおとなたちに支えられ、充実した時を過ごせるように、心から願います。そうして育った男の子たちは、きっと性的にも成熟したおとなの男性へと成長するでしょう。そうなれば、社会は、異性である女性たちにとっても、安全で住みやすい場所になるでしょう。

　最後になりましたが、再び解説を書いてくれた、長年の友である田上時子さん、この本にぴったりなイラストを描いてくださった古村耀子さん、本のデザインをしてくださった山本京子さん、いつも的確な指摘をしてくださる築地書館の橋本ひとみさんに、深く感謝したいと思います。

2004年5月
カナダ、ニューデンバーにて
三輪妙子

◎メグさんの〈性の健康〉ワークショップと講演会への問い合わせ先
NPO法人　女性と子どものエンパワメント関西
〒665-0056　兵庫県宝塚市中野町4-11
TEL：0797-71-0810　FAX：0797-74-1888
E-mail：videodoc@osk2.3web.ne.jp
URL：http://www.osk.3web.ne.jp/~videodoc
メグさんのHP：http://www.asahi-net.or.jp/~zv6m-ishr/videodoc/meg.html

解説——男の子に性教育が必要なわけ

田上時子（NPO法人 女性と子どものエンパワメント関西　理事長）

　15年間、日本の子どもの問題にかかわってきて、あるとき、あることに気がつきました。非行、不登校、ひきこもり、援助交際、摂食障害……どれもこれも起こるのは思春期であるということ。そして、子どもの問題に性差があること。非行、不登校、ひきこもりは圧倒的に男子に多く、援助交際、摂食障害は女子に多いことです。

　性差といっても、一般的な生物学的な性差（セックス）だけで、買う側（男性）と買われる側（女性）、暴力を容認される性（男性）と容認されない性（女性）は説明できません。社会的な性差（ジェンダー）が大きく影響していることは確かでしょう。メディアや親や社会は、性別によって異なったメッセージを発してはいないでしょうか？　いずれにしても子どもの問題に性差があるのはなぜなのでしょう？

　一つのキーワードは「性」にあると思います。思春期とは青年期の前期をいい、第二次性徴の開始時期をいいます。ちょうど男子は精通が始まり、女子は月経が始まるころです。からだに変化が見られ、それにともない心の葛藤が始まる時期です。誰にでも思春期はあり、やがて終わります。問題は、思春期に心の葛藤があるのはいつの時代でも同じなのですが、今は、社会や家庭環境が昔とは随分と異なっているということです。だから、今の時代の思春期の子どもの葛藤の現れ方が異なるのだと思います。

　思春期は、性的アイデンティティ確立の時期でもあります。性を通して自己確認をする時期なのです。そしてそこに、ジェンダーの問題もからんでいるのです。社会的に性差が作られる文化に子どもたちは生きているのです。

この間、ずっと思春期の男の子向けの性教育の本が必要だと思ってきました。女子向けにくらべると、男子向けの本は少ない。これも、女性は生殖の性であるゆえに情報が必要だと思われているからでしょう。男子向けも皆無ではありませんが、思春期の男子の希望に添う内容であるとは思えませんでした。わたしが、思春期の男子向けの性教育の本が必要だと思う理由は、大きく次の2点にあります。
　まず1点目は、日本では父親不在のなかで母親が息子を育てているという現状です。母親が息子の性をどれだけ理解できているでしょうか？　想像力にも限界があります。同性でも個別性のほうが強く、なかなか他人の性のあり方は理解しがたいものです。ましてや異性の息子に母親はどんな確信を持って性教育に臨めるのでしょうか。特に思春期の親子の会話はとだえがちになります。親が性の話をしていないなら、せめていつでも息子の手の届くところに正しい情報を用意しておくべきでしょう。
　また、そのような意味で本書は、是非お母さん方にも読んでいただきたいと思います。実際、男の子たちから出された質問で構成されているので、思春期の男の子たちが、どんなことに悩んでいるかがよくわかります。
　2点目は、性にまつわる事件が増加傾向にあることです。
　警察庁の発表によると、2003年の性犯罪の被害は過去最悪の7,376件に増加。被害者は小学生が25.2％の1,859件に上るなど低年齢化がうかがえ、未成年の男子加害者も増加傾向にあります。
　2003年7月、あの衝撃的な事件が起きました。加害少年は当時12歳、被害者は4歳の少年でした。性的に乱用し殺害した事件で、メディアはこれを「長崎園児殺害事件」と名づけました。
　この事件のずっと前に類似した事件が起こっています。1997年5月に起きた「神戸児童殺傷事件」です。事件当時14歳の少年Aは長崎事件の少年と同じように、思春期真っ只中にいました。からだの各部分に、男性としての特徴が現れ、第二次性徴が始まっていました。精通も起こっていまし

たが、彼の場合は異性を意識して射精したのではなく、ネコの解剖で精通を体験したのです。これが不幸の始まりだったのではないでしょうか。性衝動の発現時期は正常でしたが、ネコに対する虐待や解剖といった行為が攻撃性と結びつき、ネコから人間に次第に欲望がエスカレートしていきました。この欲望が他人とは違ったものであることを知り、自分は異常であると思い、その結果落ち込み、「生まれてこなければよかった。自分の人生は無価値だと思った」という屈折した感情が強くなり、次第に自分の殺人衝動を正当化する理屈を作り上げていきました。

これらの事件の発生を予防し、緩和する方法はなかったのでしょうか？複雑なストレスの強い大人社会にあって簡潔な予防策もあろうはずがないと考えながら、やはり思春期の男子の性についての情報が、本人たちに欠けていたのではないかと思わずにはいられません。もし、少年Ａが「自分は異常ではないか？」と誰かに相談できたら、彼の異常性に気づいて早く手を打っていたなら、その異常性が性にかかわることだと気づいていたら……何かが変わっていたのではないかと思います。

この二つの事件は、極端な例かもしれませんが、きちんとした性の情報を伝えられていない状況のなかで、思春期のある時期、からだの変化にとまどい、自分はおかしいのではないかと悩む男子は少なくありません。その時に、大人がきちんと向き合い、正しい性に関する情報を子どもに伝えていくことが大切です。

わたしは、男子が性被害の被害者にも加害者にもならない防止策を提示してきましたが、「性教育」は必須科目です。自分の性を考える機会をもつ……ここに性教育の位置付けがあります。

「性教育」とは自分の性について考えさせる教育であり、自分のからだと心の動きを知る機会であり、子どもたちに「安全」「科学」「健康」を伝える性の健康教育です。多感で性についての悩みがつきない思春期の子どもやご家族のもとに、一日も早く本書が届くことを祈っています。

【著者】

メグ・ヒックリング（Meg Hickling）

1941年、カナダ生まれ。

看護師として働くなかで、自分のからだ、特に性について知ることの重要さに気づき、1974年からカナダと米国で、子ども、親、専門家への〈性の健康教育〉に携わる。

持ち前のユーモアとウィットに富んだ話で、性に対する古い価値観を払いのけ、性教育の大切さを広く一般に浸透させてきた。

その仕事は高く評価され、1997年にはブリティッシュ・コロンビア州の最高の賞、BC賞を、また2001年にはカナダで最高の栄誉賞であるカナダ勲章、2002年にはブリティッシュ・コロンビア大学の名誉博士号を授与されている。

1999年に『メグさんの性教育読本』（木犀社）が出版されたのをきっかけに、日本でも毎年、全国各地で子どもむけワークショップや、親や専門家むけの講演会を行っている。

3人の子どもの独立後、バンクーバーで夫とふたり暮らし。3人の孫がいる。

【訳者】

三輪妙子（みわ・たえこ）

1951年、東京生まれ。

1974年から80年までカナダのバンクーバーで暮らし、エコロジーや女性の運動にかかわる。帰国後も、カナダとの行き来を続けながら、環境保護、反原発、女性問題などに関する翻訳・通訳に携わる。

主な訳書に『メグさんの性教育読本』（木犀社）、『メグさんの女の子・男の子からだBOOK』（築地書館）、『「親」を楽しむ小さな魔法』（共訳、築地書館）など。

メグさんの来日時には、各地を一緒に回り、通訳兼案内役をつとめる。

メグさんの
男の子のからだとこころQ&A

2004年9月25日　初版発行
2017年3月21日　5刷発行

著　者／メグ・ヒックリング
訳　者／三輪妙子
発行者／土井二郎
発行所／築地書館株式会社
　　　　東京都中央区築地7-4-4-201　〒104-0045
　　　　TEL 03-3542-3731　FAX 03-3541-5799
　　　　http://www.tsukiji-shokan.co.jp/
　　　　振替00110-5-19057
印刷・製本／シナノ出版印刷株式会社
装　丁／山本京子
カバー・本文イラスト／古村耀子

Ⓒ Meg Hickling 2004 Printed in Japan
ISBN978-4-8067-1297-8 C0037

●本書の複写、複製、上映、譲渡、公衆送信(送信可能化を含む)の各権利は築地書館
　株式会社が管理の委託を受けています。
●JCOPY〈(社)出版者著作権管理機構 委託出版物〉
本書の無断複製は著作権法上での例外を除き禁じられています。複製される場合は、そ
のつど事前に、(社)出版者著作権管理機構(電話 03-3513-6969、FAX 03-3513-6979、
e-mail : info@jcopy.or.jp)の許諾を得てください。

● 築地書館の本 ●

メグさんの
女の子・男の子からだ BOOK

メグ・ヒックリング［著］　キム・ラ・フェイブ［絵］　三輪妙子［訳］
1,600 円＋税　◉ 10 刷

赤ちゃんはどこからくるの？
からだと性についての子どもからの質問に、
〈上手に正しく〉答えるための本。
親子で一緒に読めるカラー絵本です。
日本のお母さんからの質問に、メグさんが答えた Q＆A つき。

価格・刷数は 2017 年 3 月現在のものです